Parts of the body

Furniture

Fruit

Opposites

Jobs

Special days

Vegetables

Animals

Food and drinks

Vehicles

## So einfach kannst du Bücher mit Ting lesen und hören:

**Zum Einschalten drückst du 2 Sekunden lang diesen Knopf. Wenn es geklappt hat, hörst du einen kurzen Ton.**

**Danach tippst du mit der Spitze von TING auf den Punkt im inneren Kreis. Wieder hörst du einen kurzen Ton. Das machst du bei jedem neuen Buch wieder genauso.**

**Los geht's. Jetzt kannst du mit TING dieses Buch lesen und wirst schöne Überraschungen erleben.**

Hinweis: Wenn du mehr über TING und weitere TING-Bücher wissen möchtest, frag einfach im Buchhandel oder schau im Internet unter www.ting.eu

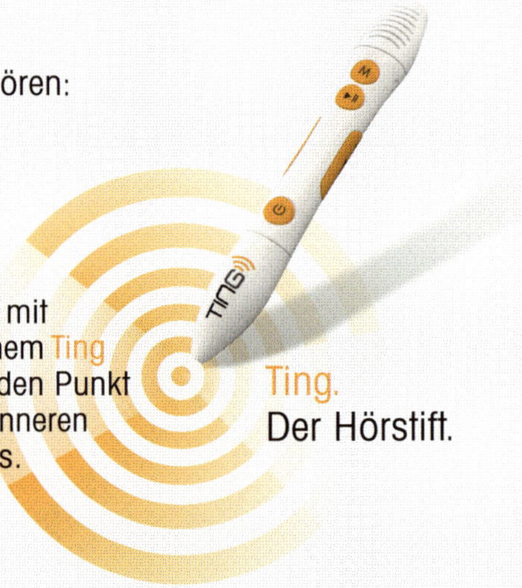


Tipp hier mit deinem Ting auf den Punkt im inneren Kreis.

Ting.
Der Hörstift.

## Mein erstes sprechendes Bildwörterbuch

# Englisch

von Ute Müller-Wolfangel, Cornelia Pardall
und Daniela Prusse
mit Bildern von Barbara Scholz

1. Auflage

**Dudenverlag**
Mannheim · Zürich

Bibliografische Information der Deutschen Nationalbibliothek
Die Deutsche Nationalbibliothek verzeichnet diese Publikation in der Deutschen Nationalbibliografie; detaillierte bibliografische Daten sind im Internet über http://dnb.d-nb.de abrufbar.


Bibliographisches Institut GmbH
Dudenstraße 6, 68167 Mannheim

Redaktionelle Leitung: Regina Köhler
Text: Ute Müller-Wolfangel, Cornelia Pardall und Daniela Prusse
Lektorat: Susanne Klein
Illustration: Barbara Scholz

Herstellung: Sarah Kimmig
Layout: Berit Wenkebach, München
Umschlaggestaltung: Micha Acker
Tonaufnahmen: db media, Neuwied
Sprecher: Silke Haupt, Stephan Kaiser, Alison Rippier, Tom Zahner
Druck und Bindung: Druckerei Theiss GmbH, St. Stefan im Lavanttal

Printed in Austria

ISBN: 978-3-411-80975-2

## Inhalt

Vorwort .......................................................... 4

Benutzerhinweis .................................................. 5

Was kennst du schon? ............................................. 6

Erster Sachwortschatz Englisch ............................ 8–49

Englisch im Alltag ........................................... 50–55

Wörterbuch Englisch – Deutsch .......................... 56–64

## Liebe Eltern, liebe Lehrerinnen und Lehrer,

Computer, T-Shirt, Sandwich – diese englischen Wörter kennen Kinder aus ihrer unmittelbaren Lebenswelt und benutzen sie ganz selbstverständlich in ihrer täglichen Sprache. An dieses unbefangene Umgehen mit Wörtern aus einer Fremdsprache knüpft „Mein sprechendes Bildwörterbuch Englisch“ mit dem Ting-Stift an.

Im Hauptteil finden Sie einen ersten englischen Wortschatz mit den 300 wichtigsten Wörtern zu 21 Themengebieten aus dem Erlebnis- und Erfahrungshorizont von Kindern. Jedes Thema wird mit einem kurzen, lustigen Satz eingeleitet. Alle Begriffe werden in Bild, Wort und Sprache dargestellt. Das Bildwörterbuch liefert mit dem Ting-Stift die richtige englische Aussprache und die deutsche Übersetzung. Am Ende der Seite gibt es häufig ein kleines Rätsel, mit dem der Wortschatz aktiv angewendet und vertieft werden kann.

Zusätzlich beinhaltet das Bildwörterbuch kleine Bildergeschichten mit Alltagssituationen für einen aktiven Umgang mit der Sprache. Die Geschichten können gemeinsam mit den Kindern frei nacherzählt werden oder man lässt sie sich mit dem Ting-Stift als kleines Hörspiel auf Englisch oder Deutsch vorlesen.

Der **Ting-Stift** bietet alle Wörter und Sätze dieses Buches in englischer und deutscher Fassung. Zudem erhöht der Stift den Spaßfaktor und erweckt Nessie, das englische Seeungeheuer, zum Leben. Nessie führt mit lustigen Sätzen und kleinen Rätseln durch das Buch. Das Buch enthält ca. 1 000 Texte, Geräusche und kleine Rätsel, die mit dem Ting-Stift aufgespürt werden können.

Viel Freude beim Englischlernen mit dem Ting-Stift!

Die Dudenredaktion

Das ist Nessie, das Seeungeheuer aus England. Nessie führt in die Themen ein und stellt Fragen, die mithilfe des Ting-Stifts beantwortet werden können.

**Vorschläge zur Nutzung des Buches:**

**Ting-Funktion:**
Um sich die Wörter, Texte und Geräusche zusammen mit Ihrem Kind anhören zu können, verbinden Sie den Ting-Stift mit dem mitgelieferten USB Kabel mit dem PC und laden Sie die Audioinhalte kostenlos aus dem Internet herunter.
Wenn Sie den Stift aktiviert haben, können Sie die Bilder und Texte in diesem Buch antippen und hören, was alles in diesem sprechenden Bildwörterbuch steckt.

**Wortschatzanteil:**
Auf den Wortschatzseiten lassen sich alle Bilder und Wörter antippen. Zunächst ertönt der englische Begriff. Lassen Sie Ihr Kind das Wort mehrmals nachsprechen, wobei es sich das Wort von dem Ting-Stift auch wiederholen lassen kann. Fordern Sie Ihr Kind auf, auch den deutschen Begriff zu nennen. Über das Flaggensymbol erhält man die deutsche Übersetzung. So eignet sich das Buch auch für englischsprachige Kinder, die Deutsch lernen.
Auf der Seite rechts unten wartet Nessie mit einer Frage. Tippen Sie oder Ihr Kind auf Nessie und die Frage wird gestellt. Über die kleinen Bilder im unteren Kasten können die Antworten angehört werden. Auch hierzu steht die deutsche Übersetzung zur Verfügung.

**Bildergeschichten**
Lassen Sie sich die Dialoge von dem Ting-Stift vorsprechen oder lesen Sie die Dialoge vor. Ihr Kind wird die Sätze sicher schnell nachsprechen. Wenden Sie die „First phrases“ auch in eigenen kleinen Alltagssituationen an.

Bald wird Ihr Kind das Bildwörterbuch zusammen mit dem Ting-Stift ganz selbstständig nutzen und dadurch einen ersten Zugang zur englischen Sprache erhalten.

Jeans
Buggy
Clown
Sweatshirt
Cornflakes
Muffins
Chips
Nessie
Milk-
shake
Teddy
Mountain-
bike
Game
Inline-
skates
MP3-Player

Ein bisschen Englisch kannst du sogar schon.
Schau dich doch mal in diesem Supermarkt um.
Was erkennst du wieder?

# Animals

dolphin

penguin

lion

elephant

monkey

bear

tiger

giraffe

sheep

hen

duck

goat

goose

cow

pig

horse

# Pets

guinea pig

bird

mouse

puppy

dog

hamster

rabbit

kitten

cat

parrot

goldfish

turtle

# Toys

teddy bear

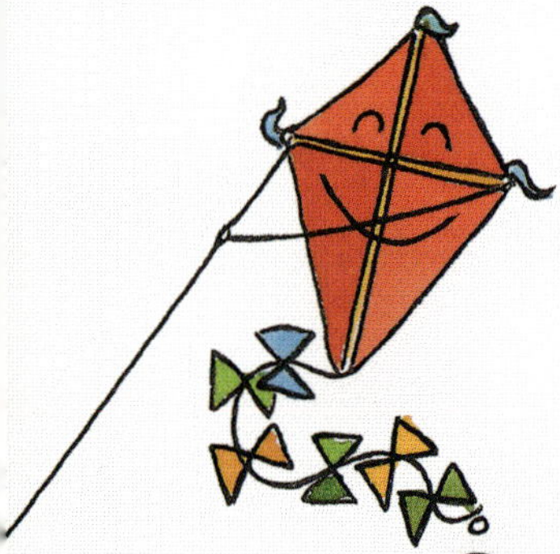

kite

football

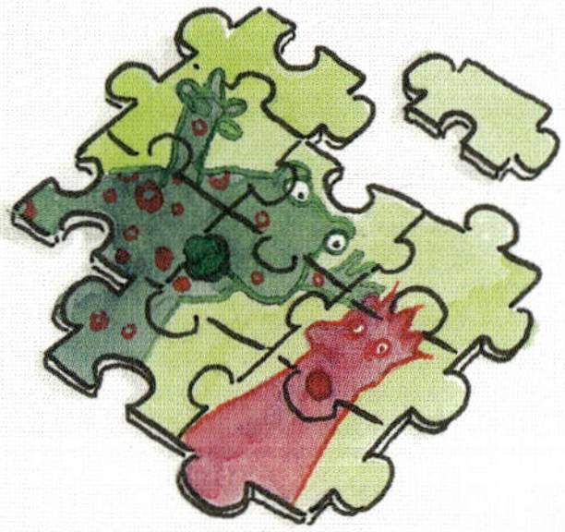

jigsaw puzzle

skipping rope

building bricks

train set

toy car

play dough

doll

ball

puppets

ghost

witch

king

cowboy

princess

# Meals and Drinks

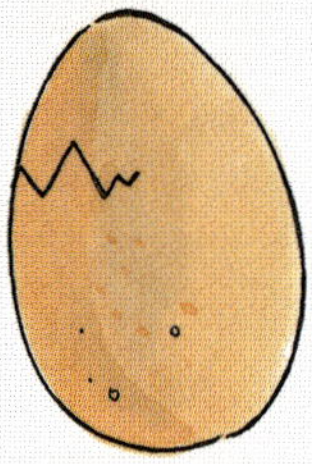

egg

bread

butter

cheese

lemonade

pepper

salt

juice

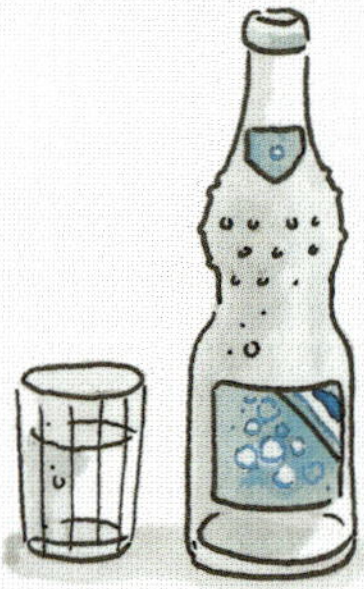

mineral water

sugar

ham

sausage

jam

honey

hot chocolate

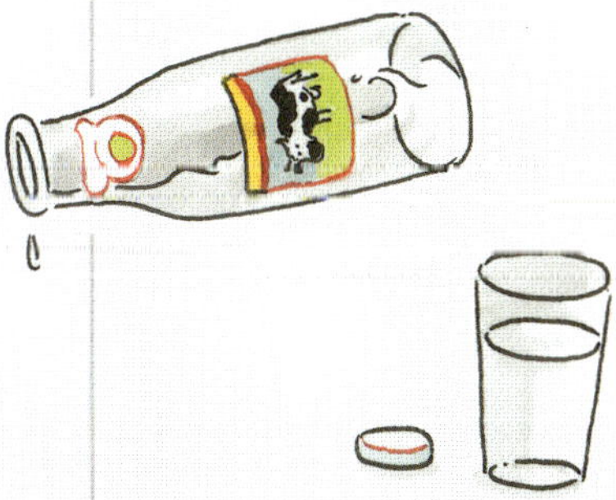

milk

tea

# Fruit

pineapple

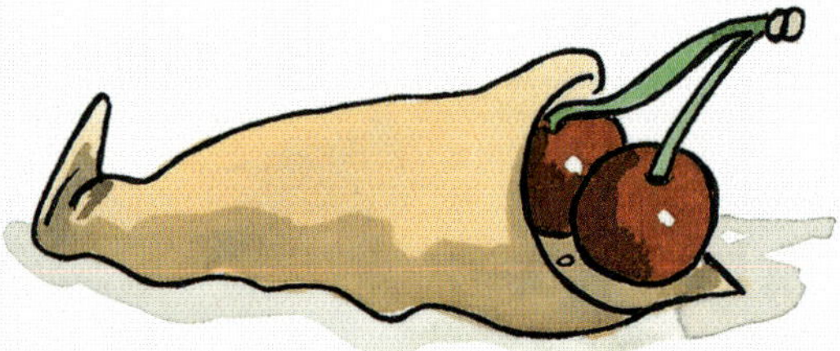

cherries

strawberries

grapes

orange

watermelon

apple

pear

banana

kiwi fruit

plum

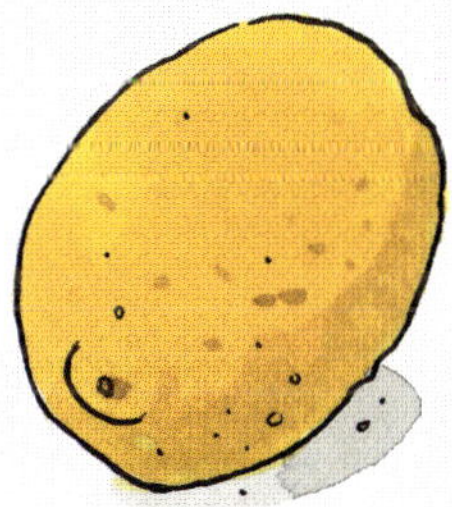

peach

lemon

# Vegetables

potato

beans

cabbage

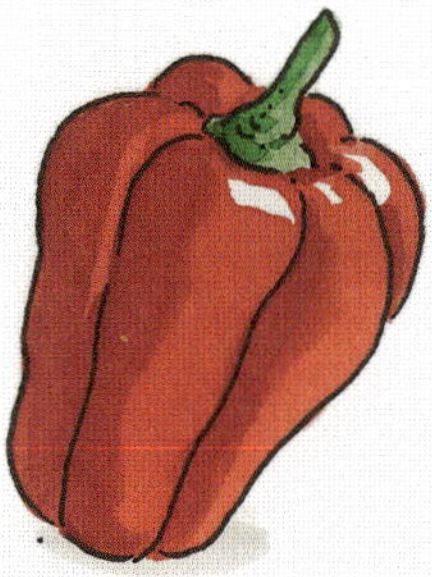

red pepper

radish

onion

cucumber

carrot

lettuce

tomato

corn

mushroom

cauliflower

peas

# My body

head

hair

ear

face

mouth

nose

chin

eye

tooth

tongue

neck
finger
hand
shoulder
arm
elbow
body
toe
knee
leg
foot

# Family

child/children

parents

father

mother

daughter

son

baby

twins

uncle

aunt

sister

brother

grandparents

grandfather

grandmother

# Clothes

jacket

shoes

hat

watch

trousers

coat

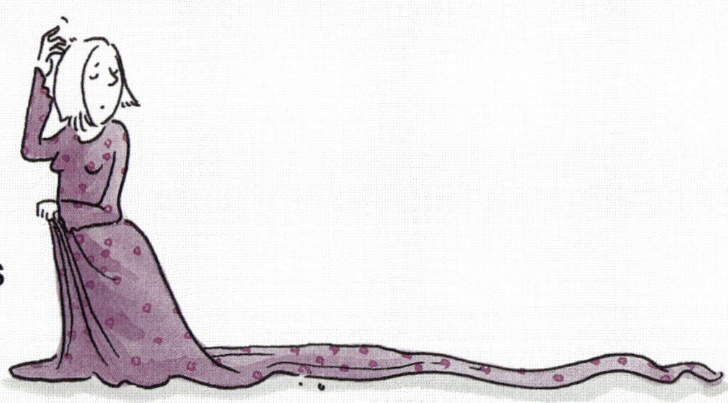

dress

skirt

sunglasses

glasses

cap

shirt

sweater

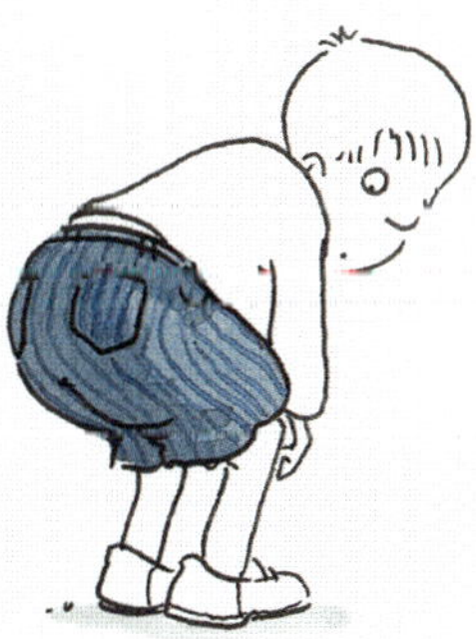

shorts

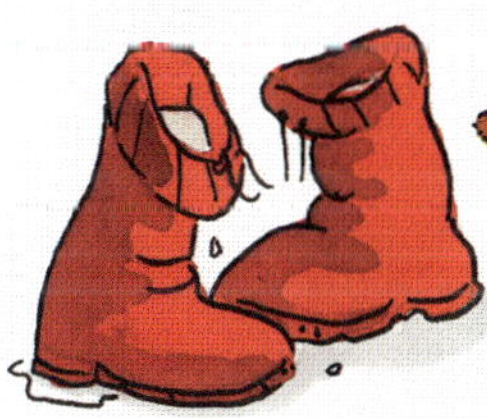

boots

socks

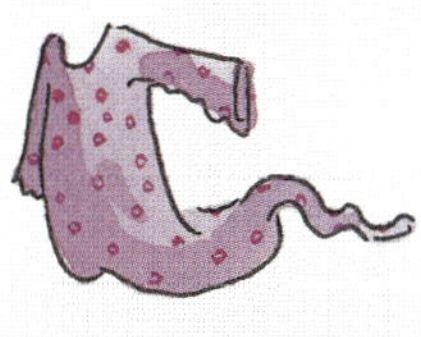

# At home

spoon
knife
glass
bowl
cup
plate
cupboard
fork
shower
soap
towel
bathtub
toilet

1 living room
2 kitchen
3 garden
4 bathroom
5 bedroom
6 door
7 toilet
8 stairway
9 window
10 hall

house

# Furniture

table

fridge

bed

shelf

chair

wardrobe

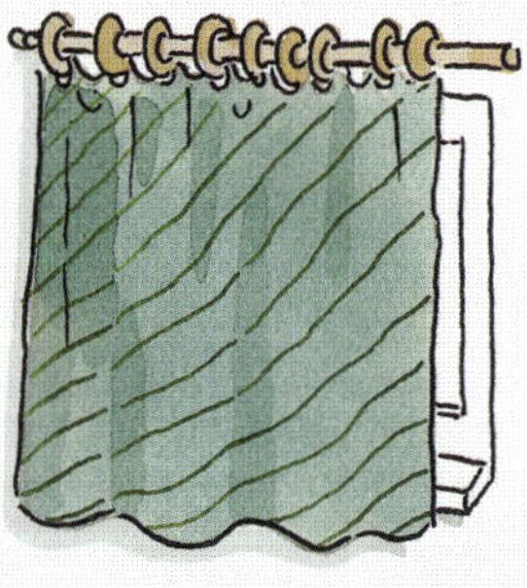

curtain

coat rack

lamp

television

armchair

sofa

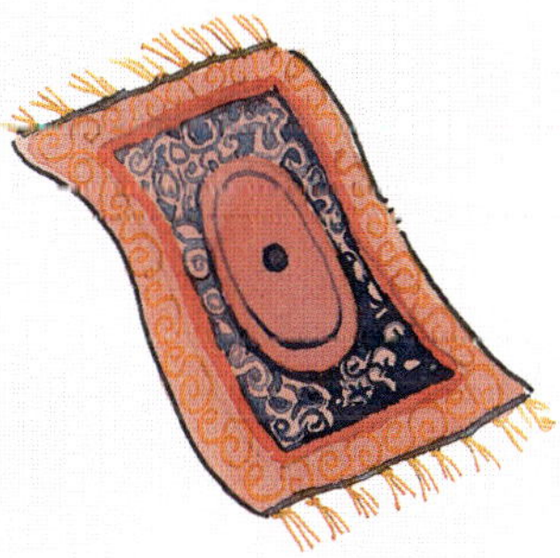

carpet

desk

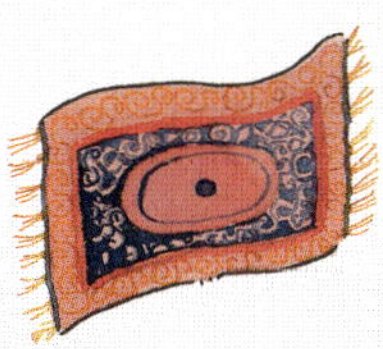

# Nature

spider

fly

frog

flower

grass

bee

bird

bird's nest

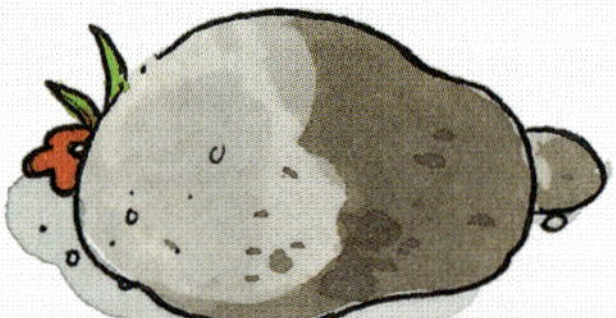

stone

bush

river

lake

worm

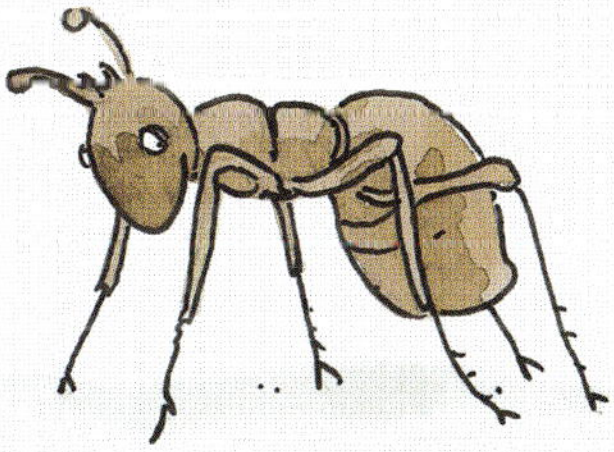

ant

ladybird

tree

# Weather

sun

cloud

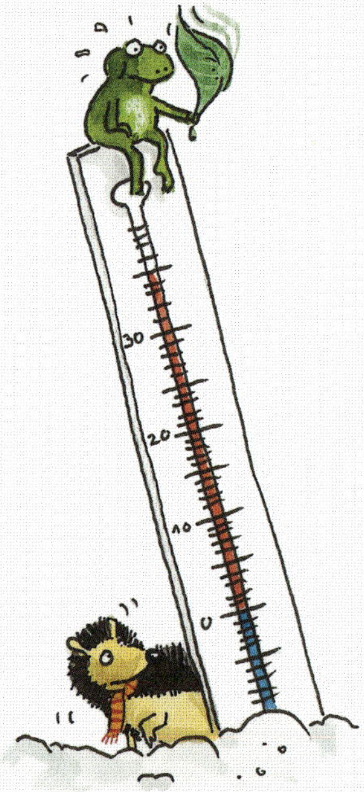


temperature

rainbow

rain

snow

lightning

thunderstorm

star

sky

fog

moon

wind

storm

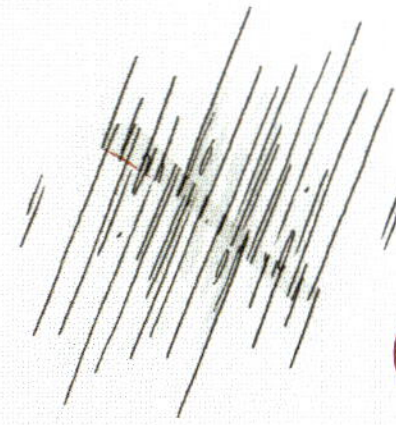

# Vehicles

truck

taxi

sledge

fire engine

bus

train

helicopter

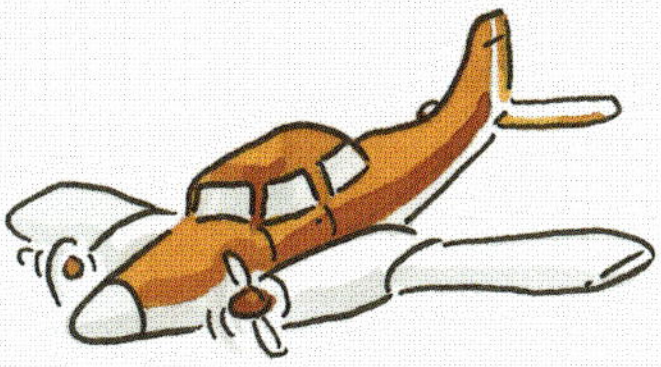
plane

car

motorbike

scooter

bike

ambulance

tram

# At school

book

pencil case

lunch box

glue

schoolbag

blackboard

watercolours

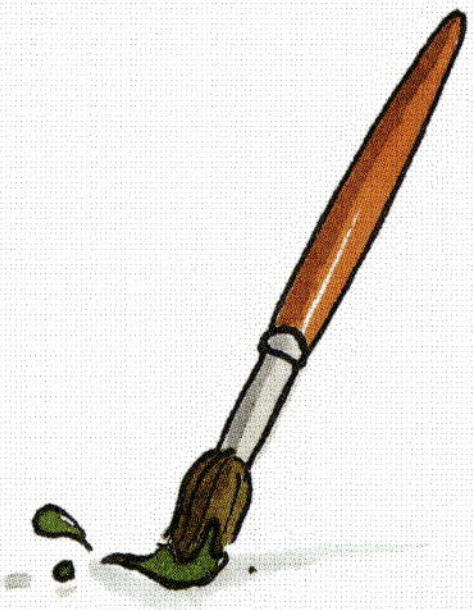

brush

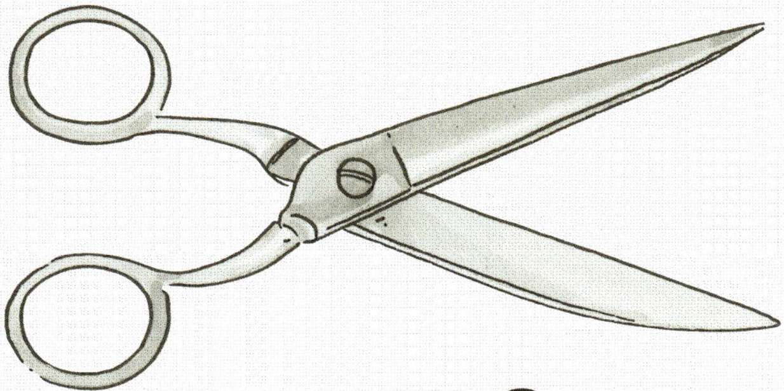

scissors

folder

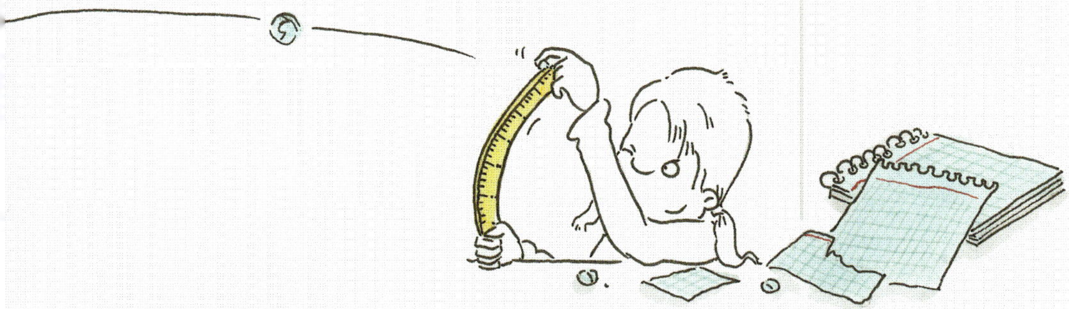

ruler

paper

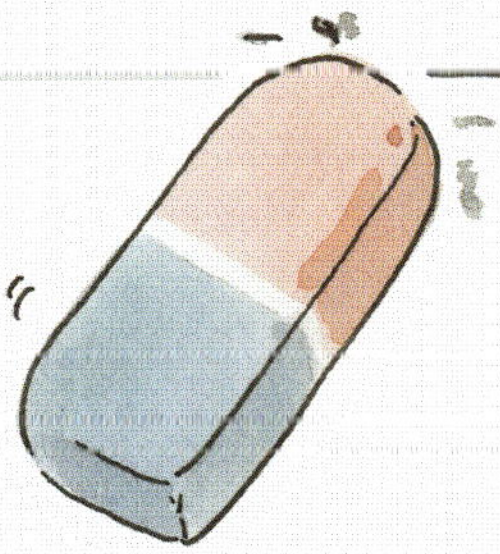

rubber

pencil

sharpener

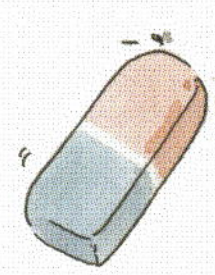

# Colours and shapes

square
rectangle
circle
triangle

?

# Numbers

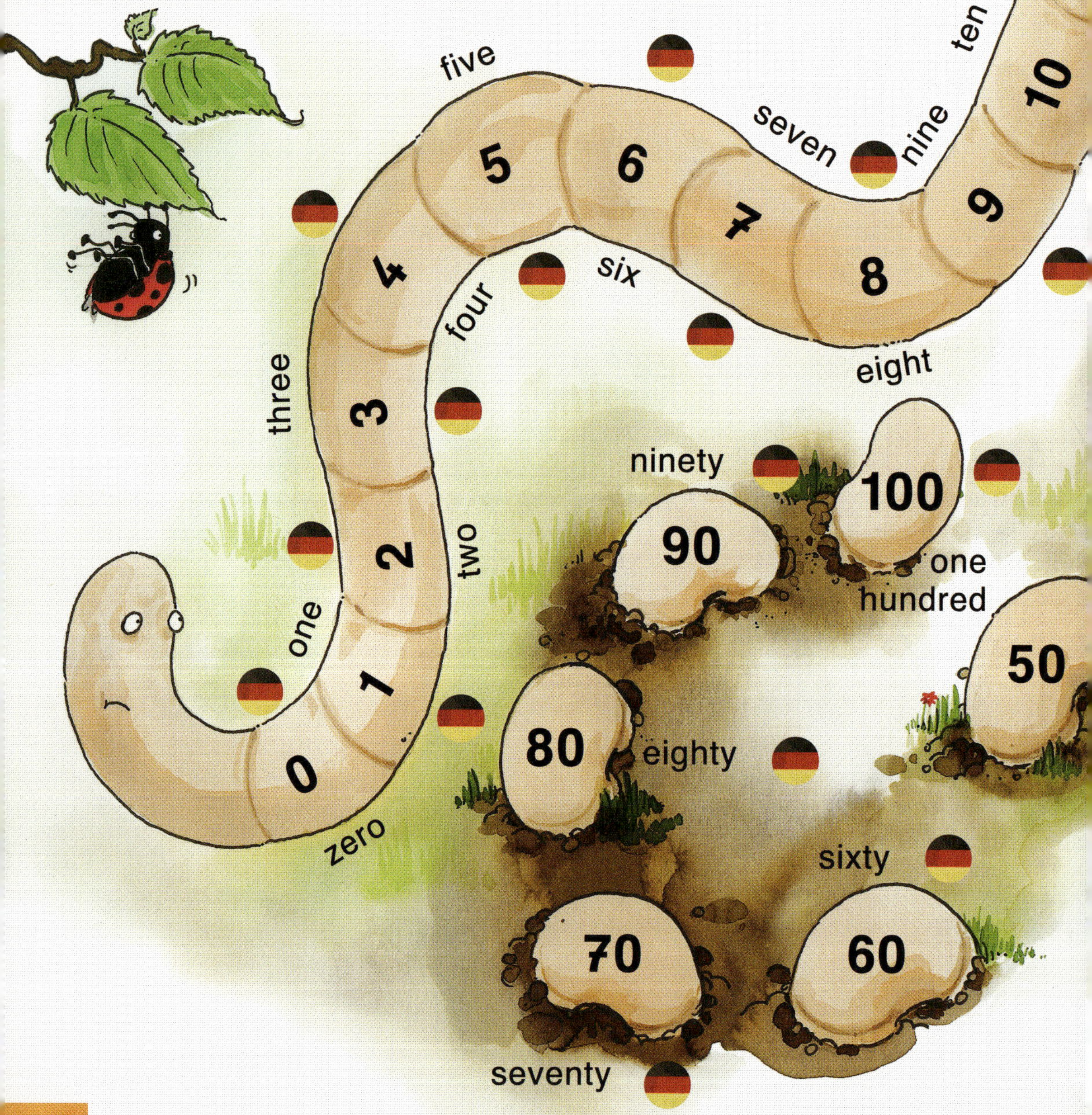
0
zero
1
one
2
two
3
three
4
four
5
five
6
six
7
seven
8
eight
9
nine
10
ten
1
eleven
50
60
sixty
70
seventy
80
eighty
90
ninety
100
one hundred

12
twelve
13
thirteen
14
fourteen
15
fifteen
16
sixteen
17
seventeen
18
eighteen
19
nineteen
20
twenty
21
twenty-one
22
twenty-two
30
thirty
31
thirty-one
40
forty
41
forty-one
fifty

?

# Calendar

spring

summer

autumn

winter

January
February
March
April
May
June
July
August
September
October
November
December

?

# Opposites

left – right

quiet – loud

dry – wet

slow – fast

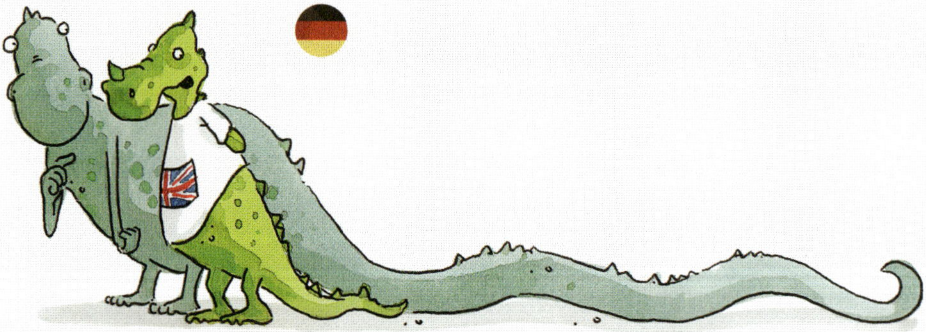

short – long

happy – sad

sweet – sour

thin – thick

dirty – clean

right – wrong

new – old

small – big

full – empty

good – bad

# Jobs

mechanic

policeman

teacher

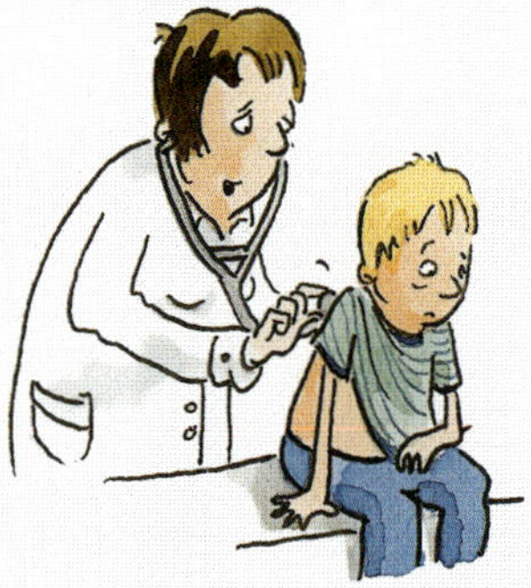

doctor

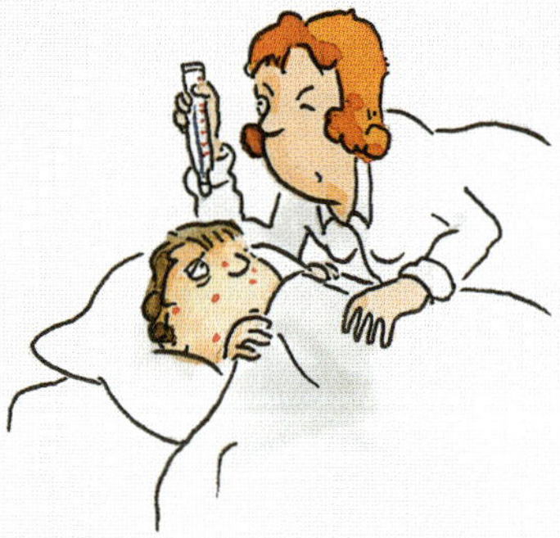

nurse

gardener

shoemaker

disc jockey

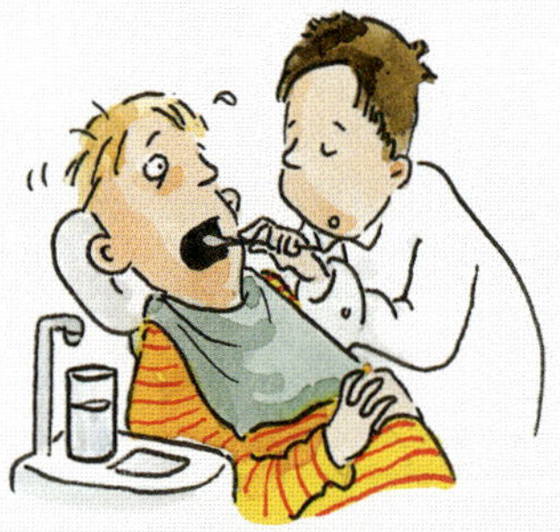

dentist

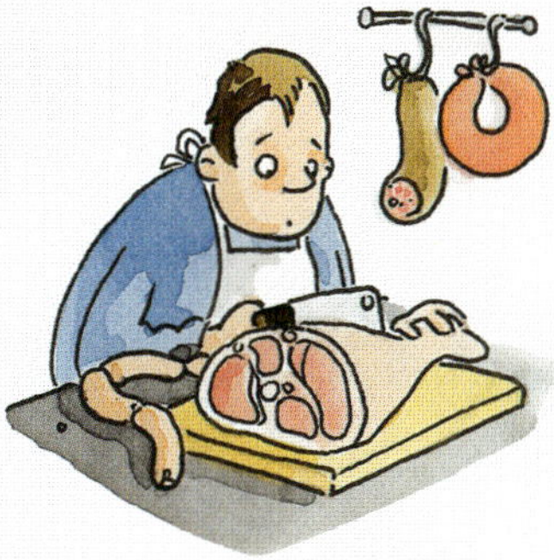

butcher

baker

cook

farmer

postwoman

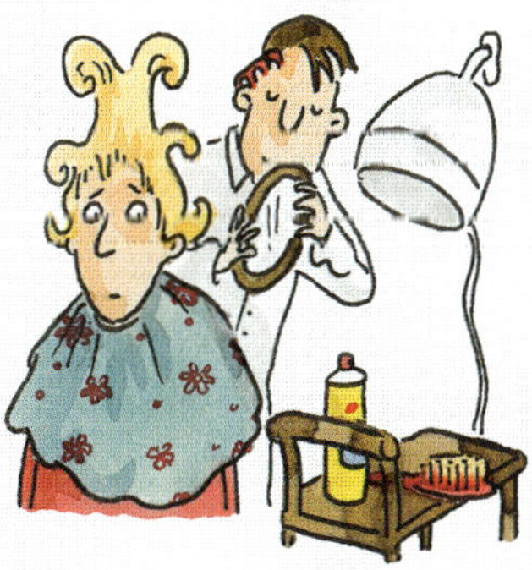

hairdresser

fireman

# Special days

Christmas

Halloween

pumpkin

sweets

Santa Claus

biscuit

Christmas tree

birthday party

candle

present

cake

Easter

Easter egg

Easter bunny

New Year's Eve

firework

music

balloon

# Playtime

Come, play with me!
What do you want to play?
I want to play with the building bricks.
Okay, let's start.

# Board games

Let's set up the game!
It's your turn.
Roll the dice.
I am the winner!

# Eating

I can set the table.
Do you like the soup?
Can I have some more, please?
Yummy, that's good!

## Shopping

I want to buy a puppet for my friend.
How much are they?
I'll take the witch.
Here is the money.

## At the restaurant

## Saying goodbye

## A

| | |
|---|---|
| ambulance | Krankenwagen |
| ant | Ameise |
| apple | Apfel |
| April | April |
| arm | Arm |
| armchair | Sessel |
| August | August |
| aunt | Tante |
| autumn | Herbst |

## B

| | |
|---|---|
| baby | Baby |
| bad | schlecht |
| baker | Bäcker/-in |
| ball | Ball |
| balloon | Luftballon |
| banana | Banane |
| bathroom | Badezimmer |
| bathtub | Badewanne |
| beans | Bohnen |
| bear | Bär |
| bed | Bett |
| bedroom | Schlafzimmer |
| bee | Biene |
| big | groß |
| bike | Fahrrad |
| bird | Vogel |
| bird's nest | Vogelnest |
| birthday party | Geburtstagsfeier |
| biscuit | Keks |
| black | schwarz |
| blackboard | Tafel |
| blue | blau |
| body | Körper |
| book | Buch |
| boots | Stiefel |
| bowl | Schüssel |
| bread | Brot |
| brother | Bruder |
| brown | braun |
| brush | Pinsel |

| | |
|---|---|
| building bricks | Bauklötze |
| bus | Bus |
| bush | Busch |
| butcher | Metzger/-in |
| butter | Butter |

## C

| | |
|---|---|
| cabbage | Kohl |
| cake | Kuchen |
| candle | Kerze |
| cap | Mütze |
| car | Auto |
| carpet | Teppich |
| carrot | Karotte |
| cat | Katze |
| cauliflower | Blumenkohl |
| chair | Stuhl |
| cheese | Käse |
| cherries | Kirschen |
| child | Kind |
| children | Kinder |
| chin | Kinn |
| Christmas | Weihnachten |
| Christmas tree | Weihnachtsbaum |
| circle | Kreis |
| clean | sauber |
| cloud | Wolke |
| coat | Mantel |
| coat rack | Garderobe |
| cook | Koch/Köchin |
| corn | Mais |
| cow | Kuh |
| cowboy | Cowboy |
| cucumber | Gurke |
| cup | Tasse |
| cupboard | (Küchen-)Schrank |
| curtain | Vorhang |

## D

| | |
|---|---|
| daughter | Tochter |
| December | Dezember |
| dentist | Zahnarzt/-ärztin |
| desk | Schreibtisch |

| | |
|---|---|
| dirty | schmutzig |
| disc jockey | Discjockey |
| doctor | Arzt/Ärztin |
| dog | Hund |
| doll | Puppe |
| dolphin | Delfin |
| door | Tür |
| dress | Kleid |
| dry | trocken |
| duck | Ente |

## E

| | |
|---|---|
| ear | Ohr |
| Easter | Ostern |
| Easter bunny | Osterhase |
| Easter egg | Osterei |
| egg | Ei |
| elbow | Ellenbogen |
| elephant | Elefant |
| empty | leer |
| eye | Auge |

## F

| | |
|---|---|
| face | Gesicht |
| farmer | Landwirt/-in |
| fast | schnell |
| father | Vater |
| February | Februar |
| finger | Finger |
| fire engine | Feuerwehrauto |
| fireman | Feuerwehrmann |
| firework | Feuerwerk |
| flower | Blume |
| fly | Fliege |
| fog | Nebel |
| folder | Hefter |
| foot/feet | Fuß/Füße |
| football | Fußball |
| fork | Gabel |
| Friday | Freitag |
| fridge | Kühlschrank |
| frog | Frosch |
| full | voll |

## G

| | |
|---|---|
| garden | Garten |
| gardener | Gärtner/-in |
| ghost | Gespenst/Geist |
| giraffe | Giraffe |
| glass | Glas |
| glasses | Brille |
| glue | Klebstoff |
| goat | Ziege |
| goldfish | Goldfisch |
| good | gut |
| goose | Gans |
| grandfather | Großvater |
| grandmother | Großmutter |
| grandparents | Großeltern |
| grapes | Weintrauben |
| grass | Gras |
| green | grün |
| grey | grau |
| guinea pig | Meerschweinchen |

## H

| | |
|---|---|
| hair | Haar |
| hairdresser | Friseur/-in |
| hall | Flur |
| Halloween | Halloween |
| ham | Schinken |
| hamster | Hamster |
| hand | Hand |
| happy | glücklich |
| hard | hart |
| hat | Hut |
| head | Kopf |
| helicopter | Hubschrauber |
| hen | Huhn/Henne |
| honey | Honig |
| horse | Pferd |
| hot chocolate | heiße Schokolade |
| house | Haus |

## J

| | |
|---|---|
| jacket | Jacke |
| jam | Marmelade |
| January | Januar |

| | |
|---|---|
| jigsaw puzzle | Puzzle |
| juice | Saft |
| July | Juli |
| June | Juni |

## K

| | |
|---|---|
| king | König |
| kitchen | Küche |
| kite | Drachen |
| kitten | Kätzchen |
| kiwi fruit | Kiwi |
| knee | Knie |
| knife | Messer |

## L

| | |
|---|---|
| ladybird | Marienkäfer |
| lake | See |
| lamp | Lampe |
| left | links |
| leg | Bein |
| lemon | Zitrone |
| lemonade | Limonade |
| lettuce | Salat |
| lightning | Blitz |
| lion | Löwe |
| living room | Wohnzimmer |
| long | lang |
| loud | laut |
| lunch box | Brotdose |

## M

| | |
|---|---|
| March | März |
| May | Mai |
| meadow | Wiese |
| mechanic | Mechaniker/-in |
| milk | Milch |
| mineral water | Mineralwasser |
| Monday | Montag |
| monkey | Affe |
| moon | Mond |
| mother | Mutter |
| motorbike | Motorrad |
| mouse | Maus |
| mouth | Mund |
| mushroom | Pilz |

a b c d e f g h i j k l m n o p q r s t u v w x y z

| | |
|---|---|
| music | Musik |

**N**

| | |
|---|---|
| neck | Hals |
| new | neu |
| New Year's Eve | Silvester |
| nose | Nase |
| November | November |
| nurse | Krankenpfleger/-in |

**O**

| | |
|---|---|
| October | Oktober |
| old | alt |
| onion | Zwiebel |
| orange | Orange/orange |

**P**

| | |
|---|---|
| paper | Papier |
| parents | Eltern |
| parrot | Papagei |
| peach | Pfirsich |
| pear | Birne |
| peas | Erbsen |
| pen | Füller |
| pencil | Bleistift |
| pencil case | Federmäppchen |
| penguin | Pinguin |
| pepper | Pfeffer |
| pig | Schwein |
| pineapple | Ananas |
| pink | pink/rosa |
| plane | Flugzeug |
| plate | Teller |
| play dough | Knete |
| plum | Pflaume |
| policeman | Polizist |
| postwoman | Postbotin |
| potato | Kartoffel |
| present | Geschenk |
| princess | Prinzessin |
| pumpkin | Kürbis |
| puppet | Finger-/Handpuppe |
| puppy | Welpe |
| purple | violett |

**Q**

| | |
|---|---|
| quiet | leise |

a b c d e f g h i j k l m n o p q r s t u v w x y z

## R

| | |
|---|---|
| rabbit | Kaninchen |
| radish | Radieschen/Rettich |
| rain | Regen |
| rainbow | Regenbogen |
| rectangle | Rechteck |
| red | rot |
| red pepper | roter Paprika |
| right | rechts/richtig |
| river | Fluss |
| rubber | Radiergummi |
| ruler | Lineal |

## S

| | |
|---|---|
| sad | traurig |
| salt | Salz |
| Santa Claus | Weihnachtsmann |
| Saturday | Samstag |
| sausage | Wurst |
| schoolbag | Schulranzen |
| scissors | Schere |
| scooter | Motorroller |
| September | September |
| sharpener | Bleistiftspitzer |
| sheep | Schaf |
| shelf | Bord/Regal |
| shirt | Hemd |
| shoemaker | Schuhmacher/-in |
| shoes | Schuhe |
| short | kurz |
| shorts | Shorts |
| shoulder | Schulter |
| shower | Dusche |
| sister | Schwester |
| skipping rope | Springseil |
| skirt | Rock |
| sky | Himmel |
| sledge | Schlitten |
| slow | langsam |
| small | klein |
| snow | Schnee |
| soap | Seife |

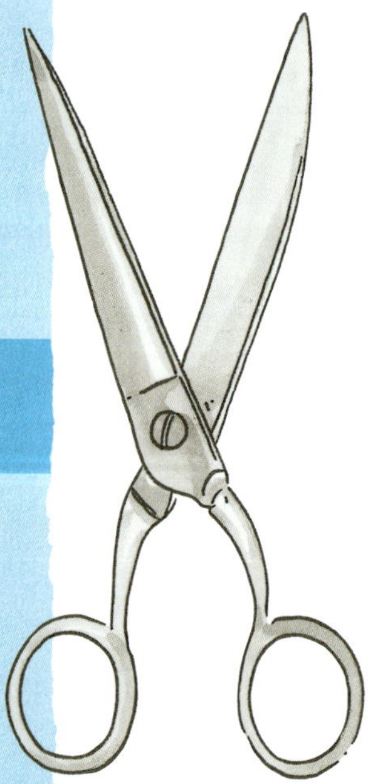

| | |
|---|---|
| socks | Socken |
| sofa | Sofa |
| son | Sohn |
| sour | sauer |
| spider | Spinne |
| spider's web | Spinnennetz |
| spoon | Löffel |
| spring | Frühling |
| square | Quadrat |
| stairway | Treppe |
| star | Stern |
| stone | Stein |
| storm | Sturm |
| strawberries | Erdbeeren |
| sugar | Zucker |
| summer | Sommer |
| sun | Sonne |
| Sunday | Sonntag |
| sunglasses | Sonnenbrille |
| sweater | Pullover |
| sweet | süß |
| sweets | Süßigkeiten |

## T

| | |
|---|---|
| table | Tisch |
| taxi | Taxi |
| tea | Tee |
| teacher | Lehrer/-in |
| teddy bear | Teddybär |
| television | Fernseher |
| temperature | Temperatur |
| thick | dick |
| thin | dünn |
| thumb | Daumen |
| thunderstorm | Gewitter |
| Thursday | Donnerstag |
| tiger | Tiger |
| toe | Zehe |
| toilet | Toilette/Gäste-WC |
| tomato | Tomate |
| tongue | Zunge |

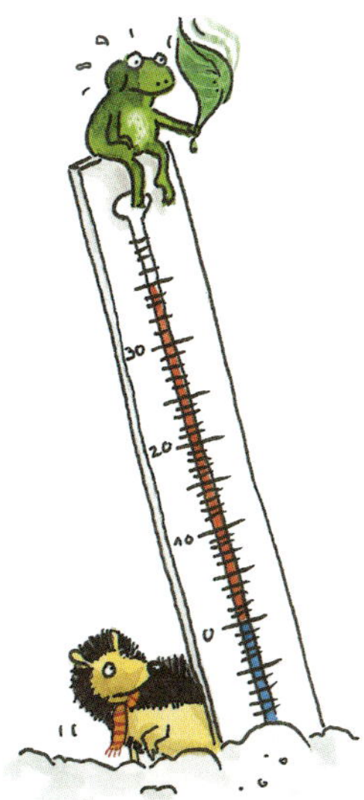

| | |
|---|---|
| tooth/teeth | Zahn/Zähne |
| towel | Handtuch |
| toy car | Spielzeugauto |
| train | Zug |
| train set | Spielzeugeisenbahn |
| tram | Straßenbahn |
| tree | Baum |
| triangle | Dreieck |
| trousers | Hose |
| truck | Lastwagen |
| Tuesday | Dienstag |
| turtle | Schildkröte |
| twins | Zwillinge |

## U

| | |
|---|---|
| uncle | Onkel |

## W

| | |
|---|---|
| wardrobe | Kleiderschrank |
| watch | Uhr |
| watercolours | Wasserfarben |
| watermelon | Wassermelone |
| Wednesday | Mittwoch |
| wet | nass |
| white | weiß |
| wind | Wind |
| window | Fenster |
| winter | Winter |
| witch | Hexe |
| worm | Wurm |
| wrong | falsch |

## Y

| | |
|---|---|
| yellow | gelb |

Colours and shapes

Pets

Toys

At home

Numbers

Nature

Weather

Family

Clothes

Calendar

At school